LES
DIVERS PÉRIODES

DES SCIENCES,

DES LETTRES ET DES ARTS,

ODE;

Par GASPARD-BONAVENTURE-TIMOTHÉE FERRY,

Professeur de physique et de chimie, ancien professeur de physique au collége de Limoges, ancien membre non résidant de la ci-devant académie d'Orléans, inspecteur pour la physique et la chimie à l'école centrale de la rue Antoine;

PRÉCÉDÉE

Du discours prononcé par ce professeur à l'ouverture de son cours de physique mathématique, expérimentale et chimique, dans l'amphithéâtre du grand hospice d'humaninité au ci-devant archevêché.

A PARIS,

Chez { BELIN Imprimeur-Libraire, rue Jacques, n°. 22.
L'AUTEUR, à l'école centrale de la rue Antoine.

AN IX.

PRÉFACE.

En publiant ce que l'on va lire, je n'y attache aucune importance : je connais trop la faiblesse de mes talens. Cependant j'ose espérer qu'il sera favorablement accueilli par le public ; s'il n'y trouve pas les élans du génie, il y remarquera sans doute avec satisfaction ce respect envers la Divinité qui caractérisait autrefois nos écrivains. Depuis quelque temps on s'efforce d'affaiblir et même de détruire l'idée d'un Dieu. Des hommes qui non-seulement lui doivent l'être, mais encore des talens réels, à l'aide desquels ils ont acquis une grande célébrité, accumulent sophismes sur sophismes, pour prouver qu'il n'existe pas un premier moteur, souverainenement puissant, doué de toute sagesse et de toute perfection. Il ne faut que connaître ces hommes pour être au fait de leurs motifs : les uns sont de parfaits débauchés qui ont lâché la bride à leurs passions ; d'autres sont des hommes vains qui se repaissent de l'idée séduisante qu'ils sont ce qu'il y a de plus grand dans la nature ; d'autres encore trouvent leur compte à être athées ou à paraître tels, parce que cette opinion leur donne un vernis de singularité qui convient parfaitement au rôle qu'ils veulent jouer. S'il était possible que l'athéïsme gagnât toutes les classes de la société, et que les croyans fussent en bien petit nombre, les derniers athées que je viens de signaler deviendraient croyans par système. Mais cela n'arrivera point : la majorité des hommes ne lit point les écrits des athées ; et quand même elle les lirait, elle trouverait dans les grands, comme dans les petits objets que la nature lui présente, des preuves de l'existence d'un Dieu, plus fortes que les prétendus argumens des faux philosophes. Je n'entreprendrai point de démasquer ici complétement les athées, et de montrer combien ils sont méprisables : Pascal a rempli, on ne peut pas mieux, ce double objet dans le premier chapitre de ses Pensées : j'y renvoie mes lecteurs. Ils y trouveveront la force et l'élégance du style unies à la solidité du raisonnement.

Je finis cette courte préface en priant le public de ne point me confondre avec le citoyen Ferry qui a été professeur de mathématiques à Mézières, ensuite membre de la convention nationale, après cela professeur de géométrie descriptive à l'école polytechnique, et qui est actuellement professeur de physique et de mathématiques à Metz : c'est un homme d'un grand mérite, et c'est précisément pour cela qu'il convient qu'on ne nous confonde point l'un avec l'autre : je ne veux pas qu'on m'attribue la gloire qu'il s'est acquise, et celle qu'il s'acquerra sans doute encore.

DISCOURS

Prononcé, le 2 prairial an 8, par Gaspard-Bonaventure-Timothée Ferry, *professeur de physique et de chimie, etc. à l'ouverture de son cours de physique mathématique, expérimentale et chimique, dans l'amphithéâtre du grand hospice d'humanité au ci-devant archevéché.*

CITOYENS,

LA Philosophie péripatéticienne était descendue dans la tombe ; ses sectateurs, si elle en avait encore, ne l'étaient plus que dans l'ombre et n'osaient en faire un aveu public ; un système plus raisonnable, plus digne de l'esprit humain avait pris la place de l'absurdité et des erreurs les plus grossières ; enfin le monde savant était cartésien. Cependant les bons esprits, en rendant justice à l'imagination brillante de Descartes, sentaient que ce n'était point encore là la vérité ; et contens de marcher dans la route qui y conduit, ils la cherchaient avec zèle et de bonne foi. Mais cette recherche pouvait être bien longue ; plusieurs siècles pouvaient s'écouler avant que le voile qui couvrait encore les opérations de la nature fût levé : il fallut qu'un génie puissant, un prodige dans l'ordre des sciences parût, et hâtât par ses travaux et par l'éclat de ses lumières la révolution qu'on désirait. Ce pro-

A 3

dige fut Newton : le créateur n'avait jamais rien
produit d'aussi grand. Le philosophe anglais embrassa
d'un coup-d'œil la nature entière, et en sonda toutes
les profondeurs : il éleva un édifice majestueux
et immense , susceptible d'être considérablement
agrandi, et où tout se rapporte encore aux pierres
d'attente qu'il y a laissées. Il n'ignorait pas qu'il y
avait dans le monde savant beaucoup d'hommes irré-
fléchis , aussi attachés aux idées de Descartes que les
péripatéticiens l'étaient à leurs opinions quand Descartes avait paru : il savait que plusieurs d'entr'eux
jouissaient du plus grand crédit dans les académies qui
venaient de s'élever , et dans les différentes universi-
sités de l'Europe : cela ne l'intimida pas. Naturelle-
ment modeste , mais encore plus ami de la vérité , il
osa déclarer la guerre aux idées reçues , fit main basse
sur les tourbillons , et rétablit dans leurs droits les vé-
ritables lois de la nature. Il proclama cette attraction
qui avait été entrevue avant lui, mais que personne
n'avait encore généralisée : il l'appliqua aux corps les
plus éloignés, comme à ceux qui sont le plus proche
de nous ; et joignant le calcul au raisonnement et à
ce que lui apprenaient l'expérience et l'observation ,
il créa un corps de preuves , à l'évidence desquelles il
fut impossible de se refuser. Il osa calculer aussi la
marche et les effets de ce fluide qui met en corres-
pondance tous les êtres créés , qui embellit l'univers ,
et concourt puissamment à la reproduction des êtres.
Peu content de suivre la lumière , depuis l'astre d'où
elle émane avec profusion, jusques au-delà de notre
système solaire, il la saisit au passage ; et lui faisant

traverser un cristal taillé avec art , il en fit pour-
ainsi-dire l'anatomie. Il démontra par des expériences
bien faites , dignes de lui enfin, que c'était un corps
composé de parties hétérogènes différemment colo-
rées , que le prisme séparait en faisceaux , parce
qu'elles étaient différemment réfrangibles , et il fit
voir que chacun de ces faisceaux était inaltérable.

Mon objet n'est point de faire ici une analyse, même
abrégée de tous les travaux de Newton : j'aurai souvent occasion d'en parler dans la suite de ce cours.
Je me contenterai de dire qu'ils sont si sublimes , que
si Newton eût paru dans la Grèce , et dans ces
siècles où l'on croyait ne pouvoir mieux récompen-
ser les bienfaiteurs du monde qu'en leur rendant les
honneurs divins , on lui aurait élevé des autels. Mais
que dis-je ? sa vie entière se fût opposée à ce qu'on lu
rendît après sa mort ce culte superstitieux : aurait-on
osé placer à côté de la Divinité celui qui n'avait jamais
cessé d'avertir les hommes de l'énorme distance qui
se trouve entre le Créateur et ses ouvrages ? On eût
plutôt trouvé dans ses principes la véritable manière
d'honorer les grands hommes : ils auraient eu pour
temple le cœur de leurs semblables , et pour offrande
leur reconnaissance. Que la nôtre pour Newton soit
sans bornes , et que son respect pour la Divinité ne
soit pas perdu pour nous; laissons l'athée s'enfoncer avec
ses sophismes dans la fange du mépris : croyons que
tout ce qui respire doit à l'Etre des êtres un hommage
sans cesse renaissant : croyons que cet hommage doit
être d'autant plus vif, que nous avons reçu de lui plus
de bienfaits, et rangeons dans ce nombre les lumières

et les talens. Quelque faibles que soient les miens, je me glorifie de l'en remercier dans cette enceinte.

Je crois devoir terminer ce discours par quatre vers, que me dicta mon respect pour la Divinité, et qui sont profondément gravés dans mon cœur.

Je veux unir ma voix aux cantiques des anges ;
Je veux du Créateur célébrer les louanges :
Nature, qui par-tout annonces sa grandeur,
En proclamant tes lois, j'honore ton Auteur.

LES DIVERS PÉRIODES

DES SCIENCES, DES LETTRES

ET DES ARTS.

O D E.

Toi dont la redoutable égide
Protège ou perd les nations,
Dont l'intelligence préside
Aux Arts, à leurs productions :
Déesse savante et guerrière,
Sors un instant de la carrière
Où s'exercent les conquérans ;
Et loin du tumulte des armes,
A mes vers viens prêter tes charmes ;
Minerve, échauffe mes accens.

Dans le premier âge du monde
On vit les malheureux humains
Dans une ignorance profonde
Suivre aveuglément leurs destins :
Pareils à l'animal sauvage,
Ils semblaient n'avoir en partage
Qu'un instinct aveugle et grossier ;
Et le maître de la Nature
Au soin de chercher sa pâture
Se livrait alors tout entier.

BIENTÔT, par un élan rapide ;
La Raison déploya ses droits,
Et l'homme la prenant pour guide
De tous les Arts fonda les lois :
C'étaient des ruisseaux dans leur source,
Mais qui s'accroissant dans leur course,
Vivifiérent l'univers :
Ils rendirent les champs fertiles [1],
Par eux s'embélirent les villes [2],
Et la nef vogua sur les mers [3].

Du Nil les ondes étonnées
Virent un peuple industrieux
Observer le cours des années,
Des saisons le retour heureux,
Dès cieux l'admirable structure,
Cet astre qui dans la nature
Anime tout de sa chaléur,
Et celui qui non moins utile
Par sa lueur douce et tranquille
De la nuit dissipe l'horreur.

Pour distinguer les héritages
Souvent confondus par les eaux,
De Memphis on vit tous les sages
Livrés à de nobles travaux.
O sublime Géométrie,
Digne sœur de l'Astronomie [4],
C'est ainsi que tu vis le jour !
Bienfaisante dès ton aurore
Pour les biens que tu fis éclore
L'univers te doit son amour.

Reçois notre reconnaissance,
Laborieux Egyptien,
Toi des Arts et de la Science
Long-tems le plus ferme soutien;
Mais permets qu'ici je publie
La gloire qu'acquit l'Assyrie
Dans l'art de connaître les cieux,
Et que je lui rende l'hommage
Que cette terre d'âge en âge
Reçut jadis de nos ayeux.

Soit que du Dieu qui nous éclaire
La lune interceptât les feux [5],
Soit que Phœbé de notre sphère
Se cachât dans le cône ombreux [6];
Du savoir exerçant l'empire,
Le Chaldéen osa prédire
Ces merveilleux événemens.
Ce fut vous, Egypte et Chaldée,
Qui de la Grèce si vantée
Formâtes les premiers savans.

Mon ame au seul nom de la Grèce
Sent un respect religieux;
J'aime à voir les bords du Permesse;
Je m'entretiens avec ses dieux:
Saisi de la plus noble audace
De l'Hélicon et du Parnasse
Je parcours les sentiers fleuris:
Je vois au temple de Mémoire
Les Muses consacrer la gloire
De leurs plus tendres favoris.

La nature en formant Homére
Rendit jaloux les immortels ;
Plongé par eux dans la misère,
Il n'en eut pas moins des autels :
La Grèce devait ses hommages
A celui qui, dans des ouvrages
Dignes de l'immortalité,
Sçut sous le symbole agréable
Des fictions et de la Fable
Semer par-tout la vérité.

Sophocle instruit par Melpoméne,
Intéresse au sort des héros ;
Euripide ajoute à la Scène
Un art, mille agrémens nouveaux ;
Pindare aux accords de sa lyre
Entraîne tout ce qui respire ;
C'est un fleuve, c'est un torrent ;
De l'amour fidéle interprête,
Anacréon est son poëte,
Et Sapho l'est du sentiment.

Si la sublime Poésie
Inspire un sentiment flatteur,
Par les sens souvent le Génie
S'ouvre aussi la route du cœur :
Miroirs des passions de l'ame,
Arts célestes, divine flamme !
Du néant l'amour vous tira :
Sous le pinceau du grand Appelle,
Sous le ciseau de Praxitèle,
Tout, jusqu'au marbre, respira.

Du pouvoir le plus tyrannique
Philippe s'arrogeant les droits ;
Prétend dominer sur l'Attique
A la Grèce dicter des lois ;
Les talens du seul Démosthènes
Forment un rempart pour Athènes ;
Où vient se briser son orgueil ;
Et sa redoutable éloquence
De cette nouvelle puissance
Fut long-tems le funeste écueil.

Qu'eut fait au bonheur de la Grèce
D'avoir excellé dans les Arts,
Si l'inestimable Sagesse
N'eût point captivé ses regards ?
Des philosophes du Portique
L'insensibilité stoïque
Des mortels faisait des héros ;
La plus douce philosophie
Des sages de l'Académie
Immortalisa les travaux.

La Grèce à son destin succombe
Et s'écroule de toutes parts ;
Mais avec elle dans sa tombe
Elle n'entraîne point les Arts.
Rome succède à sa puissance ,
Et Rome en peu de tems balance
Ces Grecs si justement fameux :
Virgile , Cicéron , Horace ,
Minerve vous fixe une place
Parmi tous ces noms glorieux.

Le Vandale occupe la Scène :
De fureur il est écumant :
Les Arts , l'intelligence humaine
Semblent rentrer dans le néant.
La Raison long-tems assoupie
S'éveille à la voix du Génie
Qui brise enfin tous ses liens :
Déchirant un voile perfide ,
Descartes devient le seul guide
Que suivent ses concitoyens.

Que dis-je ? de la terre entière
Descartes fut le bienfaiteur [7] :
Par-tout il porta la lumière ;
De Newton fut le précurseur.
Newton ! . . . . devant lui je m'incline :
O de tout sublime origine ,
Etre divin , excuse-moi !
Quand je consacre mes hommages
Au plus parfait de tes ouvrages [8] ,
Mon cœur n'a pour objet que toi.

Ce vaste , ce puissant génie
Marche sur les pas de Bacon :
Des êtres la chaîne infinie
Est soumise à l'attraction :
Du fluide à qui la Nature
Doit son éclat et sa parure ,
Au monde il découvre les lois :
Depuis les cieux jusqu'à l'abîme
Sous le calcul le plus sublime
Tout vient se ranger à sa voix.

Dès-lors les Sciences physiques
Marchèrent à pas de géant :
Le calcul dans les mécaniques
Devint le guide du talent :
Franklin désarma le tonnerre ;
Charles s'éloignant de la terre
Visita les plaines des airs ;
Stahl publia ses doctes veilles
Qui régnèrent jusqu'aux merveilles
Qu'à Lavoisier doit l'univers.

Tandis que ces hommes célèbres
Consacrés à la vérité
Dissipaient au loin les ténèbres
Et surpassaient l'antiquité,
L'Europe s'illustrait encore ;
Dans son sein l'on voyait éclore
Des poëtes, des prosateurs,
Dont le style plein de noblesse
Disputait à Rome, à la Grèce
La palme des talens vainqueurs.

De Phidias, de Praxitèle,
Grèce en vain tu t'énorgueillis :
Cesse de vanter ton Appelle
Ne célèbre plus ton Xeuxis :
Du sein de l'antique Ausonie,
Des Gaules, de la Germanie
L'Art s'éleva tout radieux :
Joignant son éclat à l'Histoire
Des héros il doubla la gloire,
Et s'éleva jusques aux dieux.

La plus auguste architecture
Orna les lieux où l'Eternel
Du souverain de la Nature
Reçoit l'hommage solemnel :
Des rois les palais magnifiques
De leurs majestueux portiques
Parèrent d'immenses cités :
Et de leurs jardins l'ordonnance
Le goût, la beauté, l'élégance
En firent des lieux enchantés.

ORPHÉE aux accords de sa lyre
Des tigres calmait le courroux,
Et dans son sublime délire
Eut des lions à ses genoux :
Pergolèze plus grand encore,
Du Dieu que l'univers adore
Chantant les cantiques sacrés,
Aux cieux nous ravit en extase,
Et du feu divin qui l'embrâse
Tous nos esprits sont pénétrés.

AINSI supérieur aux âges
Qui préparèrent son bonheur,
L'homme imprimait à ses ouvrages
Le sceau de sa propre grandeur :
Depuis l'origine du monde
Une science si profonde
Jamais n'éclaira les mortels ;
Et jamais on ne vit la gloire
Des doctes Filles de Mémoire
Affermir si bien les autels.

MAIS quoi ! sur nous la barbarie
Étend son voile ténébreux,
Et du Vendale, en sa furie,
Surpasse les traits monstrueux !
Ce peuple cruel et sauvage
Sur les Arts de toute sa rage
Déploya le funeste effort ;
Mais de savant [9] le titre auguste
A ses yeux, quoiqu'il fût injuste,
Ne fut point un arrêt de mort.

PARMI nous un tyran farouche
Ne s'entoura que d'échafauds :
Les ordres que dictait sa bouche
Faisaient trembler jusqu'aux bourreaux :
Pour mettre le comble à ses crimes,
Il compta parmi ses victimes
Lavoisier, l'honneur des Français ;
Aux Arts il déclara la guerre,
Et menaça toute la terre
De les abolir à jamais.

MAIS enfin à nos vœux propice
L'Eternel plongea ce brigand
Dans le Tartare, où sa justice
A jamais punit le méchant :
La France vit paraître encore
Les déités que l'on adore
Sur le Pinde et sur l'Hélicon ;
Et des Arts la troupe chérie
Revint cueillir dans sa patrie
De lauriers une ample moisson.

La barbarie et ses ténèbres
S'enfuirent loin de ce séjour :
De savans, d'artistes célèbres
Minerve y composa sa cour [10] :
L'aspect qu'à l'Europe savante
Leur émulation présente,
Étonne leurs contemporains :
Nos neveux, en lisant l'Histoire [11],
Un jour refuseront de croire
Qu'ils ne fussent que des humains.

Toi de ce docte Aréopage
L'ornement et le protecteur,
Que Pallas chérit comme sage,
Comme savant, comme vainqueur;
Aux lauriers qui ceignent ta tête
Déjà la déesse s'apprête
D'unir l'olive de la paix ;
Cette paix aux Arts nécessaire,
Que tu veux, que le peuple espère,
Et qui comblera tes bienfaits.

NOTES.

[1] L'Agriculture.

[2] L'Architecture.

[3] La Navigation.

[4] Je me permets de faire rimer ici *astronomie* avec *géométrie*, quoiqu'ordinairement on exige que dans pareil cas la voyelle *i* soit précédée de la même consonne : je me le permets, parce que l'exactitude contraire est fort peu nécessaire; que le son résulte principalement de l'*i*, modifié par l'*e* muet qui le suit, et que l'oreille s'en contente beaucoup mieux que de bien d'autres rimes auxquelles on a donné le droit de bourgeoisie , je ne sais trop pourquoi. J'ai pris plusieurs fois cette permission en composant cette Ode, comme on le verra plus loin.

[5] Les éclipses de soleil.

[6] Les éclipses de lune.

[7] On sera peut-être étonné que je ne parle point de la renaissance des lettres qui eut lieu au tems de François Ier. et de Léon X. Je conviens que ces princes protégèrent efficacement tous les genres de connaissances ; mais c'était un corps sans ame qui avait besoin du souffle vivifiant de la philosophie : sous ce rapport Descartes, apprenant aux hommes à raisonner, fut le véritable restaurateur des lettres.

[8] Je ne touche point ici à l'ordre des choses religieuses : je ne considére Newton que du côté des connaissances humaines.

[9] Sous le nom de *savant*, je veux désigner non-seulement ceux qui se livrent aux sciences, mais encore les artistes, et en général tous ceux qui se distinguent des autres hommes par quelqu'un de ces talens qui élèvent l'ame. La poësie ne me permettait pas d'entrer ici dans une énumération qu'admet souvent la prose.

[10] L'Institut national de France.

[11] Les Sciences et les Arts ont leur histoire comme les États ; et celle-ci répand davantage le mérite des savans et des artistes que leurs propres ouvrages. Tout le monde ne peut pas juger de ceux-ci en connaisseur ; mais chacun peut s'en former une grande idée par le compte qui lui en est rendu par des plumes éloquentes. Combien d'hommes ignoreraient ce que furent Newton, Leibnitz, Mallebranche, etc. sans les éloges dignes d'eux qu'en a fait Fontenelle !

FIN.

DE L'IMPRIMERIE DE BELIN,
Rue Jacques, N°. 22.